HISTOIRE

DE LA

GUERRE DE 1870-1871

DU SIÉGE DE PARIS

ET DE LA COMMUNE

M. Thiers.

HISTOIRE

DE LA

GUERRE DE 1870-1871

DU

SIÉGE DE PARIS

ET DE

LA COMMUNE

Avec de nombreuses gravures.

***

PARIS

LIBRAIRIE DES VILLES ET DES CAMPAGNES

18, RUE SOUFFLOT, 18.

HISTOIRE

DE LA

GUERRE DE 1870-1871

ET DU

SIÉGE DE PARIS

GUERRE AVEC LA PRUSSE

I

Poussé par un aveuglement funeste qui le conduisait à sa ruine, l'Empereur résolut de faire la guerre avec la Prusse. Depuis la bataille de Sadowa, en 1866, l'influence de cette puissance avait été sans cesse grandissant ; elle était devenue la première en Europe, et la France, qui jusqu'alors avait tenu le premier rang, perdait chaque jour de sa grandeur et de sa considération par suite des fautes de notre politique. Rien de plus naturel que d'essayer de remonter au rang d'où nous étions descendus ; mais cette réhabilitation, il fallait la demander à une administration sage, à un développement de la richesse nationale, et non au droit de la force qui ne prouve jamais rien. Les guerres défensives sont seules justes et légitimes, les guerres de conquête sont toujours iniques et funestes, quel qu'en soit le résultat. Le peuple qui trouble la paix de l'Europe sans un grave motif, qui arrête le mouvement commercial, qui expose la vie de milliers de soldats, et déchaîne le fléau dévastateur de la guerre, encourt une terrible responsabilité.

L'empereur Napoléon ne songea pas à tout cela ; il ne vit pas que donner le signal des combats, c'était mettre contre soi l'Europe entière ; que la nation à laquelle il allait se heurter était organisée d'une façon formidable pour une guerre à laquelle elle s'attendait depuis longtemps ; qu'elle pouvait mettre sur pied douze cent mille hommes et une redoutable artillerie, tandis que notre armée était toute désorganisée par la négligence coupable des chefs ; qu'entrer en ligne de bataille dans ces conditions, c'était courir à une perte certaine. Il ne réfléchit à rien de tout cela ; il croyait avoir besoin d'une victoire pour relever son prestige aux yeux du peuple français. Aveuglé par ce désir fatal, poussé par des courtisans avides et par un état-major aussi ignorant qu'incapable, il se lança dans cette folle aventure où sa dynastie devait s'engloutir et où la fortune de la France devait sombrer.

Au mois de juillet 1870, M. Emile Ollivier, ministre aussi imprévoyant que peu capable, vint déclarer à la tribune du Corps législatif que la Prusse s'attaquait chaque jour à nous, que son insolence était devenue insupportable, qu'un dernier affront fait à notre ambassadeur venait de combler la mesure, et que la guerre seule pouvait désormais sauver notre honneur. Les députés se levèrent presque tous aussitôt, et acclamèrent ce projet qui flattait l'amour-propre national ; si au lieu de rester paisiblement assis dans l'enceinte du palais Bourbon il leur avait fallu prendre le fusil, courir à la frontière et mener la vie du soldat, peut-être eussent-ils été moins prompts à prendre une pareille décision. En vain quelques-uns de leurs collègues, plus sages et plus prudents, essayerent de les faire réfléchir ; en vain leur représentèrent-ils qu'une guerre est une chose grave, qu'on n'expose pas pour un motif futile la vie de tant de milliers d'individus et le repos de toute une nation ; en vain sommèrent-ils le ministre de spécifier l'injure dont avait à se plaindre notre ambassadeur ; en vain représentèrent-ils que la Prusse avait fait tous ses préparatifs, tandis que la France en était encore à faire des projets pour l'organisation de son armée. Ces

L'Empereur Napoléon III.

sages paroles furent étouffées par les clameurs des députés qui, tous candidats officiels, c'est-à-dire choisis par

l'Empereur et désignés par lui au suffrage des électeurs, étaient bien plus soucieux de plaire à leur maître que de

L'Impératrice Eugénie.

so ger au salut de la France. En vain l'Angleterre proposa de se faire médiatrice entre la France et la Prusse, l'Empereur, qui voulait absolument la guerre, refusa cette offre gracieuse, s'aliénant ainsi les neutres, qui se décidèrent à laisser retomber sur nous de tout son poids la lourde responsabilité des événements qui allaient survenir.

Le 19 juillet, jour à jamais néfaste dans notre histoire, la guerre fut déclarée. Nous sommes un peuple si léger, nous avons si peu l'habitude de réfléchir à ce que nous faisons, d'envisager les événements et d'en prévoir les conséquences, que tout d'abord cette déclaration de guerre fut approuvée d'une certaine partie du public. Pour aider à cet enthousiasme, des hommes payés par la police parcouraient les rues de Paris en criant : à Berlin! à Berlin! et assommant à coups de bâton ceux dont l'attitude ou le visage triste voulait protester contre cette erreur de l'opinion publique. Quant aux gens sages et réfléchis, ils voyaient avec douleur ces cris de joie qui devaient si vite se changer en lamentations; ils n'aimaient certes pas la Prusse ni les Prussiens, mais ils pensaient que recourir aux armes contre des voisins qui ne vous sont pas sympathiques, c'est revenir aux coutumes des sauvages et des barbares. Ils ne connaissaient pas l'état de délabrement dans lequel l'incurie et l'incapacité du maréchal Lebœuf et des autres chefs militaires avaient mis notre armée ; mais, tout en se fiant à la valeur française, ils savaient que la fortune a des retours subits, et que, dans tous les cas possibles, la guerre est ordinairement non moins désastreuse pour le vainqueur que pour le vaincu. Ils songeaient aux campagnes dépeuplées, aux champs ravagés, aux mères et aux épouses tremblantes, aux champs de bataille couverts de morts et de blessés, au commerce interrompu, à l'agriculture languissante faute d'hommes et de chevaux ; et, l'esprit troublé, ils regardaient anxieux du côté du Rhin.

Les événements vinrent bientôt justifier ces sinistres prédictions. Chaque jour on attendait l'annonce d'une victoire ; on avait dit que notre armée était toute massée sur les bords du Rhin, qu'elle avait quinze jours d'avance sur celle des ennemis, on s'attendait à la voir entrer sans coup férir en Allemagne et porter le désordre au milieu de populations non encore armées. Il n'en fut rien pourtant, et bientôt on apprit que nos soldats bouillants d'ardeur et d'enthousiasme étaient retenus sans pouvoir bouger, faute de munitions et de vivres qui n'étaient pas encore . arrivés. C'était l'administration de la guerre qui commençait la longue série de ses fautes et de nos échecs. De plus, au lieu de 450 mille hommes que le ministre de la guerre avait assuré être sur les bords du Rhin, à la fin de juillet, on en avait à peine réuni 220 mille. Tous ces détails, il faut les dire et les répéter bien haut ; dans cette funeste guerre, le courage, l'énergie, l'abnégation de tous ont été admirables, et si la France a été si constamment vaincue, c'est uniquement par l'impéritie, l'incapacité et la négligence des chefs. Qu'il y eût eu à la tête un seul homme

Guillaume, roi de Prusse.

capable et jamais l'ennemi n'aurait mis le pied sur notre sol

M. de Bismarck.

II

Un premier succès vint un moment réjouir le public. Le 2 août l'armée française franchit la frontière, et s'empara en quelques heures des hauteurs de Sarrebruck. Cette journée devait avoir de tristes lendemains par la faute des chefs, qui n'avaient pas encore de plan, qui ne connaissaient ni les forces ni la position de l'ennemi, et qui ignoraient jusqu'à la topographie des contrées où ils se trouvaient. Dans le sac des officiers il y avait des cartes de l'Allemagne, il n'y en avait point de la France, et l'Empereur en chercha dans tout Metz sans en trouver une seule. Le 4 août, une division de 8,000 hommes, placée sous les ordres du général Abel Douay, fut surprise et presque anéantie en avant de Wissembourg. Le général ignorait jusqu'à la présence des Allemands. Si le chef avait été incapable, les soldats se montrèrent admirables de résolution; après une lutte inégale et prolongée contre des forces énormes, ils se firent presque tous tuer. Le prince royal avait avec lui 50,000 hommes contre ces 8,000 braves, dont 3,500 restèrent sur le terrain, parmi lesquels le général Douay.

Cette aventure de Wissembourg fut suivie d'un échec autrement grave, et qui fut le commencement véritable

de nos désastres : la bataille de Reischoffen. Dans le désir
de prendre une revanche, de calmer l'opinion publique
que cet échec avait émue, l'Empereur voulut à tout prix
remporter une victoire. De la ville de Metz, où il se trou-
vait, il donna au maréchal Mac Mahon l'ordre d'attaquer,
sans savoir où était l'ennemi, ni quelles étaient ses forces.
Le maréchal protesta, dit qu'il n'était ni sage ni prudent
d'aller ainsi à l'aveugle. Attaquez! lui enjoignit-on par
trois fois de la façon la plus impérieuse, en lui assurant
que divers corps viendraient se joindre à lui et lui porter
secours. Mais ces corps d'armée ne vinrent pas, retar-
dés ou égarés, et avec 33,000 hommes il lui fallut en
combattre 150,000 munis d'une artillerie dix fois supé-
rieure à la sienne en nombre, en justesse et en portée.
Les soldats firent une résistance admirable et enfoncèrent
le centre de l'armée ennemie. Mais comment résister à
ces interminables colonnes d'hommes qui se succédaient
sans cesse, à cette pluie de fer et de feu qui pleuvait de
tous côtés? Contre une artillerie si bien servie la valeur
n'est plus rien. L'armée entière eût été faite prisonnière
sans le dévouement des cuirassiers. Mac-Mahon les appela à lui et leur ordonna de charger les batteries prussiennes qui menaçaient d'exterminer l'armée entière.
C'était courir à une mort certaine. Pas un n'hésita; l'armée fut sauvée, mais les deux régiments de cuirassiers

disparurent entièrement. Quelques jours après, à qui lui demandait des nouvelles d'un cuirassier : « Des cuiras-

siers? répondit-il mélancoliquement, il n'y en a plus? » Au milieu de la bataille, le maréchal, voyant son issue

Le maréchal Mac-Mahon.

funeste, prévoyant les conséquences terribles qu'allait amener le stupide aveuglement de l'Empereur, voulut, dans un moment de rage et de désespoir, charger comme le dernier de ses soldats. « Pourquoi voulez-vous vous faire tuer, général? lui crièrent ses officiers qui l'entouraient, est-ce que nous vous avons refusé de mourir? » Mac-Mahon se résigna à vivre pour voir des spectacles encore plus lamentables.

Le lendemain, 6 août, la bataille de Forbach venait compléter ce désastre. L'incapable général Frossard laissait surprendre le corps qu'il était chargé de commander; il quittait même le champ de bataille avant la fin du combat, laissant ceux qu'il était chargé de commander se tirer d'affaire comme ils pourraient. Les conséquences de ces deux batailles étaient d'une gravité extrême; les deux armées opérèrent une retraite qui fut une véritable déroute, laissant le champ libre à l'ennemi et lui ouvrant le passage des Vosges, pourtant si facile à défendre. Du coup nous venions de perdre nos deux premières lignes de défense, celle des Vosges et celle de la Moselle. Les Prussiens, conduits par d'excellents chefs, ne s'amusèrent pas à perdre de temps, comme on l'avait fait au quartier impérial, mais ils nous poursuivirent l'épée dans les reins; ils arrivèrent bientôt sous les murs de Metz, tandis que le prince royal cheminait directement sur Paris.

III

L'ennemi avait un double objectif : Metz, qui était notre place la plus forte, le centre de notre quartier général, et Paris, dont la prise devait amener forcément la conclusion de la paix. Les Prussiens arrivèrent sous Metz vers le 15 août ; là était le point central de notre armée, là commandait Bazaine, à qui l'Empereur avait remis le commandement en chef. Il y eut autour de cette ville une bataille de géants qui dura trois jours entiers et qui prit le nom de bataille de Gravelotte. De notre part ce fut une résistance désespérée, et 25,000 Allemands tombèrent sur le champ de bataille, mais le terrain resta au nombre, car, pour la victoire, elle fut à nous, mais elle resta une victoire stérile. Les 200,000 Allemands qui étaient là enfermèrent notre armée autour de Metz et investirent complétement cette place, attendant du temps et de la famine ce que leurs armes n'avaient pu leur donner.

Une fois le gros de l'armée ainsi investi, une seule armée nous restait au camp de Châlons, formée de divers débris et de nouvelles recrues. Sur elle reposait l'espoir de la France. Que faire ? Attendre le prince Charles et lui livrer bataille dans cette plaine qui est une forte place stratégique ? se diriger vers Metz, donner la main à Ba-

Un campement.

zaine et écraser l'armée ennemie? ou bien se retirer sous

Paris et couvrir la capitale, ce dernier boulevard de la France? Le bon sens, la prudence, notre position presque désespérée ne laissaient pas le choix ; c'était ce dernier parti qu'il fallait prendre. L'Empereur, aussi mal inspiré qu'il l'avait été depuis le commencement de cette guerre, s'y opposa. Il força Mac-Mahon à venir le rejoindre vers Sedan, et à tenter un dernier coup de fortune, qui, en cas d'insuccès, était la perte irrémédiable de la France.

Tout est fatalité dans cette campagne. Bien conduite, cette tentative pouvait réussir. Avec de la promptitude on pouvait arriver à temps, dégager Bazaine, et écraser les deux armées successivement. Au lieu de cela on perdit près de huit jours en incertitudes et en contre-marches ; et de plus nos généraux ne manquèrent pas à ce qui avait été leur habitude depuis les premiers jours de la guerre, c'est-à-dire à se laisser surprendre par l'ennemi. La grande bataille livrée autour de Sedan commença par une défaite du corps commandé par de Failly, qui se laissa surprendre de la façon la plus niaise et la plus sotte. Bientôt notre armée, entourée par les deux armées ennemies auxquelles on avait donné le temps de se rejoindre, fut écrasée et abîmée par une artillerie formidable. Elle se réfugia à Sedan, mais que faire dans cet entonnoir environné de 250,000 Allemands et de 1,500 bouches à feu qui vomissent boulets et mitraille ? Quelques heures auraient suffi pour réduire la ville en cendres et tuer les 100,000 hommes qui venaient de s'y réfugier. Il fallait capituler, c'est ce qui fut fait. L'Empereur se rendit prisonnier, ainsi que toute son armée; et les Prussiens, qui avaient anéanti toutes nos armées, se dirigèrent vers Paris sans trouver un seul homme pour leur barrer la route.

IV

Cette série de revers inouïs avait eu un grand retentissement dans le pays; de la stupeur on avait passé à l'indignation, en voyant l'incapacité et l'impuissance de ceux qui avaient follement déclaré cette guerre. La défaite de Sedan, sans précédent encore dans l'histoire de France, et qui laissait bien loin derrière elle celle de Waterloo, mit le terme à la patience du peuple français. Sans secousse, sans révolution aucune, l'indignation publique proclama la déchéance d'une dynastie incapable de défendre le sol national, et qui, pour la troisième fois, lui ramenait les hontes et les douleurs de l'invasion. Ce fut le 4 septembre que cet événement eut lieu; les députés du département de la Seine formèrent un gouvernement provisoire, sous le nom de gouvernement de la Défense nationale, et ils durent pourvoir aux deux nécessités les plus urgentes : la défense de Paris et la résistance aux Prussiens,.qui agissaient déjà de toutes parts en barbares et impitoyables vainqueurs.

V

De tous les maux que la France a dû supporter dans cette malheureuse année, le plus terrible est incontestablement d'avoir eu affaire à des ennemis sans foi, sans loi, sans générosité. La manière dont les Prussiens se sont conduits en France est faite pour les déshonorer à jamais. Non-seulement ils pillaient, ils volaient, ils violaient, mais ils mettaient le feu à des villages entiers, et se plaisaient à détruire les provisions qu'ils ne pouvaient emporter. La ruine, la dévastation, la solitude marquaient partout leur passage, et les malheureux paysans des départements de l'Est se souviendront longtemps d'eux. En France, d'ailleurs, personne ne l'oubliera ; une haine nationale vivace survivra à tous ces événements pour ces immondes Allemands qui ont agi non en hommes civilisés, mais en sauvages et en brigands, et qui auraient été condamnés aux galères s'ils avaient fait dans leur pays la centième partie de ce qu'ils se sont permis en France.

Pour donner une idée de leur manière d'agir, voici ce

Le général Trochu.

qu'ils ont fait à Dreux ; le récit est fait par un pasteur protestant :

« Le samedi 8 octobre, trente-deux uhlans se présentèrent à Dreux, annonçant l'arrivée d'un corps d'armée pour lequel il fallait préparer de la nourriture et des logements.

« Le maire répliqua qu'il prendrait les mesures nécessaires au moment de l'arrivée des troupes. Il pria les uhlans de se retirer, en leur disant qu'il ne répondait de rien s'ils pénétraient dans la ville.

« En se retirant, ceux-ci demandèrent à Cherisy, charmant village situé sur la route de Paris, une contribution d'avoine et de bestiaux, qu'ils ne purent emmener avec eux, grâce aux francs-tireurs de Dreux qui les poursuivaient activement. Le lendemain, dimanche 9 octobre, un détachement plus considérable retourna au village pour réclamer le montant de la réquisition de la veille.

« On lui en donna livraison ; mais, au moment où il s'éloignait avec son butin, le détachement fut attaqué par les mêmes francs-tireurs, qui lui tuèrent quatre hommes, firent sept prisonniers, et l'obligèrent à abandonner sa proie.

« Cet échec décida du sort de Cherisy. Le corps auquel appartenait le détachement était cantonné en partie à Houdan et en partie à Goussainville. Un officier logé dans ce village déclara à son hôte, non sans beaucoup d'émotion, qu'il avait l'ordre de brûler Cherisy. En effet, le lundi 10 octobre, un corps considérable marcha sur le village de trois points différents. Un détachement de dragons de la reine formait la droite, deux escadrons de uhlans la gauche, et un bataillon d'infanterie le centre. Les uhlans se massèrent à un kilomètre environ de ma maison et restèrent près d'une heure immobiles.

« Alors ils s'élancèrent au galop comme des furieux dans la direction de Cherisy. Un des uhlans arriva sur moi, le pistolet à la main, en criant : « Gardes mobiles! gardes mobiles ! »

« Je lui fis signe qu'il n'y en avait point dans le village.

« Les uhlans se conduisirent en vrais démons, frappant ceux qui ne pouvaient s'écarter assez vite sur leur passage, brandissant leurs sabres, poussant des cris effrayants.

« J'avais sous les yeux une scène de la vie sauvage, comme celles dépeintes par Livingstone ou Baker.

« L'infanterie prit place sur une hauteur d'où elle commandait le village. L'artillerie tirait dans toutes les directions pour faire évacuer le village, puis, lorsque l'officier qui commandait jugea que les habitants devaient s'être éloignés, il envoya un détachement pour mettre le feu.

« Si Cherisy eût été un village purement agricole, l'accomplissement du crime n'aurait pas été difficile. Il aurait suffi de mettre le feu aux granges et de laisser l'élément destructeur achever son œuvre.

« Mais, comme la route était bordée de maisons bourgeoises ne renfermant ni foin ni paille, on s'y prit différemment.

« Le cas était prévu ; aussi les incendiaires étaient-ils munis d'une composition de pétrole dont ils arrosèrent les meubles, lits, tables, etc., puis ils y mirent le feu.

« Un tel moyen ne pouvait manquer de réussir. Quarante maisons s'enflammèrent aussitôt, une seule ne prit pas feu, celle d'un épicier. Les soldats, ne trouvant dans la boutique que des barils de sel, de soude, de savon et d'autres matières peu inflammables, pénétrèrent dans une chambre du fond et arrosèrent de pétrole un coin de lit et un matelas préparés par le propriétaire pour un soldat blessé, puis ils y mirent le feu ; mais la flamme ne fit que lécher le pétrole sur le bois de lit et brûler une partie du matelas, qui était mouillé.

« Ce bois de lit, ce matelas que j'ai vus, touchés, examinés, sont des preuves irrécusables, évidentes, que l'incendie de ce charmant village était un acte de barbarie et de la cruauté la plus criminelle. Des maisons vastes ont

2.

été brûlées sans qu'on se fût inquiété de savoir si elles

M. Jules Favie,

ne renfermaient pas des personnes que l'âge ou la maladie rendaient incapables de s'enfuir. Une pauvre femme, qui était sur le point de donner le jour à un enfant, n'échappa aux flammes que par miracle.

« Mais ce n'est pas tout. Lorsque les Prussiens virent qu'il leur était impossible d'entrer à Dreux le même jour, ils se replièrent sur Houdan; ils mirent le feu à toutes les maisons isolées qu'ils trouvèrent sur leur route. En arrivant au hameau de Mezengen, ils entrèrent dans la première ferme, magnifique établissement agricole, dont la porte monumentale attire les regards de tous les voyageurs. Le fermier, terrifié par le sort de Cherisy, chercha à s'y soustraire en offrant tout ce qu'il possédait. Les soldats acceptèrent des rafraîchissements, mais n'en témoignèrent pas moins la sinistre intention d'exécuter les ordres barbares qu'ils avaient reçus.

« Lorsque le fermier les vit prendre tranquillement des allumettes sur la cheminée, il les supplia avec des larmes, au nom de sa femme et de ses cinq enfants, de l'épargner. Vaines supplications, pleurs inutiles, ces soldats, sans émotion, sans remords, se dirigèrent vers les granges pleines des produits de plusieurs années de travail et y mirent le feu.

« J'ai vu de ma fenêtre quatre habitations, sur l'espace de trois kilomètres, qui rougissaient le ciel de cette lumière funèbre. C'était une scène qui remplissait le cœur d'une indescriptible tristesse. Vingt-quatre heures plus tard, je me rendis au hameau, dont les maisons n'étaient plus qu'un monceau de cendres. J'entrai dans cette ferme, si prospère naguère, et je vis dans un des bâtiments, situé à gauche, un feu effrayant ; c'étaient les restes des greniers de grains qui. se consumaient lentement.

« Dois-je parler de la conduite des soldats à l'égard des prisonniers ? Ici nous voyons la force brutale s'étaler sans contrainte.

« Dimanche, un jeune homme de cette commune s'en était allé, poussé par la curiosité, dans la direction de Cherisy, pour voir ce qui se passait. Sa jeunesse aurait dû le protéger, car il ne paraît pas avoir plus de quinze ans, bien qu'il en ait dix-huit en réalité. A peine était-il entré dans le village qu'il fut fait prisonnier avec plusieurs autres. Un soldat saisit son bâton et l'en frappa.

« Le malheureux, avec douze compagnons d'infortune, fut alors dirigé sur Houdan, où le détachement tenait garnison. Ils y passèrent la nuit dans la plus épouvantable agonie, car les soldats leur avaient fait entendre qu'ils allaient être mis à mort. Le jour suivant, le lundi, ils furent ramenés par le régiment qui allait attaquer Dreux; on les plaça, avec une cruauté inouïe, derrière les batteries qui canonnaient Cherizy, de manière à être les premiers atteints par les balles des francs-tireurs ou des mobiles.

« Comme on ne leur avait rien donné à manger, ils ar-
rachaient des carottes dans les champs, tout en marchant,
pour apaiser leur faim. Enfin les Prussiens se retirèrent,
emmenant avec eux leurs prisonniers. L'un des malheureux, qui était garde national, avait des cartouches dans
ses poches ; l'ennemi les découvrit, ce fut le signal de la
mort de cet infortuné, qui fut aussitôt fusillé. Son corps
fut jeté dans un fossé. On ramena les autres prisonniers
au bâtiment où ils avaient passé la nuit précédente. On
ne leur donna aucune nourriture; ils furent maltraités,
brutalisés et menacés du même sort que leur camarade ;
la nuit ne fut qu'une longue torture.

« Le lendemain matin, on les plaça en ligne comme
pour les mener à l'exécution. Après un débat assez vif
entre les officiers, onze des prisonniers furent renvoyés.
Le douzième était un trompette des sapeurs et des mi-
neurs d'une commune voisine. Il appartenait donc à un
corps dont les officiers sont payés par le ministère de la
guerre. Son uniforme aurait dû le préserver contre tout
danger, depuis le moment où il s'était rendu. Mais, lisant
son sort dans les yeux des officiers, il s'échappa et courut
se réfugier dans une écurie, où il fut lâchement massacré.

« Le même corps d'armée devait revenir le 11 avec
des forces plus considérables pour prendre possession de
Dreux et brûler mon village, sous le prétexte qu'un uhlan

avait été tué sur le territoire de la commune ; mais, au

M. Gambetta.

dernier moment, le commandant reçut l'ordre de se re-
plier sur Versailles,

« Tels sont les faits qui se sont passés près de ma de-
meure, et dont je garantis la parfaite exactitude. Et maintenant je demande aux hommes de guerre de l'Europe:
Les lois de la guerre justifient-elles cette conduite? Est-
il permis de transformer des soldats en vils incendiaires
et de déshonorer ainsi la profession des armes?

« Les mobiles et les francs-tireurs qui avaient attaqué
les Prussiens n'étaient pas de Cherisy. Pourquoi donc le
village a-t-il été brûlé? Etait-ce le but de nos envahis-
seurs? N'ont-ils pas l'intention de réduire les populations
rurales par la terreur, de les mettre dans cette situation
où l'homme n'a pas la force de se défendre, afin de les dé-
pouiller complétement de tout ce qu'elles possèdent?

« Les réquisitions des Prussiens sont sans mesure. Ils
ne quittent pas un village sans tout emporter.

« La terreur inspirée par les Allemands est telle que de
tous côtés on n'entend parler que de suicides, de femmes
qui se jettent dans les puits, de vieillards qui se pendent,
de familles qui s'asphyxient. Bon nombre d'individus sont
devenus fous.

« Quand on pense que cette désolation s'étend à vingt-
cinq lieues autour de Paris, sans compter les mille villages
de l'est, ravagés, pillés, détruits, on peut juger des malheurs de la France. Combien de temps cela va-t-il
durer?

« Les nations de l'Europe assisteront-elles sans s'émouvoir à la ruine d'un pays qui a contribué pour sa large part au progrès de la civilisation?

« Ne craindront-elles pas, à leur tour, les projets de conquête d'un peuple enivré par la victoire? Plusieurs de ces nations n'ont-elles pas dans leur sein des populations allemandes que Bismark peut réclamer? Ce diplomate au cœur de fer s'inquiète-t-il des milliers de créatures humaines qu'il réduit au désespoir?

« Mais il y a, en outre, un sentiment plus élevé que le sentiment des nationalités, qui est profondément offensé : c'est le sentiment d'humanité. Les atrocités auxquelles se livrent les armées allemandes sont une honte pour la nature humaine.

« L'Europe devrait en être honteuse et se faire un point d'honneur de mettre un terme à une semblable guerre. Si elle se prolonge, cette guerre deviendra un massacre général, car la France creusera sa propre tombe, si elle ne peut se débarrasser de ses ennemis. »

VI

Pendant cette guerre inouïe, l'ennemi brûle, il pille, il fusille les citoyens désarmés. A Bazeilles, village à la porte de Sedan, il a tout mis à feu et à sang, à la suite d'un acte de résistance commis par une vieille femme de soixante-dix ans, patriote de cœur, et qui ne voulait pas voir son pays natal aux mains de l'ennemi.

« Un témoin oculaire, le duc de Fitz-James, raconte ainsi l'incendie de Bazeilles :

« Bazeilles est situé près de la Meuse, à huit kilomètres de Sedan. Le 31 août au matin, les courageux habitants de ce village, voyant l'ennemi arriver, revêtirent leurs uniformes de gardes nationaux, et aidèrent l'armée à se défendre contre un corps bavarois et contre la division Shæler d'Erfurt, du quatrième corps de la réserve prussienne. L'armée française fut repoussée. L'ennemi entra à Bazeilles, et alors commencèrent des scènes d'horreur et des excès sans nom qui flétrissent à jamais ceux qui les commettent.

« Les Bavarois et les Prussiens, pour punir les habitants de s'être défendus, mirent le feu au village. La plupart des gardes nationaux étaient morts, la population s'était réfugiée dans les caves : femmes, enfants, tous furent brûlés. Sur deux mille habitants, trois cents restent à peine, qui racontent qu'ils ont vu des Bavarois repousser des familles entières dans les flammes et fusiller des femmes qui avaient voulu s'enfuir. J'ai vu, de mes yeux vu, les ruines fumantes de ce malheureux village : il n'en reste pas une maison debout. Une odeur de chair

3

humaine brûlée vous prend à la gorge. J'ai vu les corps des habitants calcinés sur leur porte.»

VII

On ne peut passer sous silence le douloureux épisode de Châteaudun.

Chacun de nous a lu, le monde entier lira cette dépêche de Gambetta à Jules Favre :

« Dans la journée du 18 octobre, la ville de Châteaudun (Eure-et-Loir) a été assaillie par un corps de 5,000 Prussiens. L'attaque a commencé à midi sur tout le périmètre de la ville, dont les rues intérieures étaient barricadées. La résistance s'est prolongée jusqu'à neuf heures et demie du soir. Les francs-tireurs de Paris, la garde nationale de Châteaudun, ont rivalisé de courage et d'énergie. A un moment, la place de la ville était couverte de cadavres prussiens ; on estime les pertes de l'ennemi à plus de 1,800 hommes. La ville n'a pas été occupée, elle a été bombardée, incendiée, et les Prussiens ne se sont établis que sur des ruines. »

Un décret, ratifié par la conscience humaine, qui existe, quoi qu'en dise M. de Bismark, a déclaré que l'héroïque petite ville a bien mérité de la patrie.

Châteaudun *était* une agglomération de 6,500 âmes

Le général Chanzy.

tout au plus, coquettement située sur la rive gauche du Loir, ce qui lui donna son appellation romaine de *Castellodunum*, château de la colline (*dun*, en langue celtique); à 44 kilomètres sud de Chartres, à 132 kilomètres de Paris. Au quatorzième siècle, Châteaudun fut la capitale des célèbres comtes de Dunois, dont on voit encore le château perché sur le faîte de la hauteur qui ferme l'horizon d'un côté. En 1723, la ville avait été détruite par un incendie dont elle sortit plus belle et plus parée ; elle sortira splendide et glorieuse de l'incendie causé par les bombes prussiennes.

Donc, vers midi, les Prussiens, voyant qu'ils ne pouvaient entrer dans cette ville sans remparts ni canons, entièrement ouverte, sur trois côtés d'une plaine immense, avec ses rues droites, bordées de maisons à un seul étage, alignées et aboutissant toutes à une place centrale, rues et places étaient barricadées, et derrière les barricades se trouvaient quelques centaines de fusils et de cœurs intrépides, les Prussiens, disons-nous, se sont mis bravement, scientifiquement, philosophiquement, comme c'est leur prétention de tout faire, à bombarder et incendier Châteaudun de loin, puisqu'il était si dangereux de le tuer de près !

La poudre et le pétrole ont fait merveille, ont accompli ce à quoi une armée se déclarait inhabile. Après une lutte de dix heures, lutte farouche, désespérée, incroyable, inouïe, le silence s'est fait avec la nuit : Châteaudun s'était couché sous ses ruines fumantes, où dormaient déjà dix-huit cents de ses assaillants, sans avoir pensé à se rendre un seul instant, peut-être même, — soyons justes envers nos ennemis! — sans avoir entendu les sommations que lui jetait l'envahisseur.

Châteaudun ne s'est pas rendu ; il s'est effondré avec la dernière de ses maisons, convertie en fortin. La ville n'a pas été vaincue ; elle est morte, morte pour devenir immortelle, pour donner l'exemple à Paris, pour faire comprendre aux Prussiens qu'ils auront plus de peine à sortir de France qu'ils n'en ont eu à y entrer.

L'aspect de Châteaudun, après que cette ville eut été prise par les Prussiens, et postérieurement à l'occupation de Chartres, est décrit de la manière que voici par le *Staats Anzeiger*, journal officiel de Berlin :

« Des murs démolis, des portes renversées; des toits effondrés, rendent les rues presque impraticables. L'église elle-même a été presque entièrement détruite par les obus ; d'immenses blocs de pierre sont sortis des murs, les tuiles ont été dispersées çà et là, et une grenade a éclaté dans le clocher. Des rues entières étaient en feu ; l'étendue de l'incendie et la violence de l'orage, qui poussait les flammes de tous les côtés, rendaient impossible l'idée d'essayer de l'éteindre. C'est à grand'peine qu'on put trouver des chambres pour le prince Albrecht et les commandants de la division.

« Il fallut faire sortir les chevaux des abris où ils avaient été placés à l'extrémité de la ville, et que déjà les flammes commençaient à gagner. Les officiers bivouaquaient avec les troupes. Pendant l'engagement de la nuit précédente, les Français avaient négligé leurs blessés, dont un grand nombre restaient dans les maisons et furent brûlés vifs. Un Polonais, nommé Lipowski, avait rempli les fonctions de commandant de place et était à la téte de la garnison.

Le 20, à cinq heures, la division prussienne se remit en marche. Les flammes qui émergeaient des ruines étaient si vives qu'il faisait presque aussi clair qu'en plein jour.

« Lorsque nous nous approchâmes de Chartres et que nous eûmes mis nos canons en position devant ses murs, le curé de Morancy parut et demanda la permission d'entrer dans la ville, afin de persuader les autorités de la nécessité de capituler. Le général Willich accorda jusqu'à une heure après midi ; pendant ce temps, on procéda à l'investissement de la place.

« Heureusement, les représentants de la ville furent d'accord pour traiter d'une capitulation, dont les condi-

Le général Cremer.

tions furent aussi douces que possible, puisqu'il fut permis à la moitié de la garnison de se retirer.

« Deux mille mobiles furent désarmés. Les troupes
prussiennes firent leur entrée dans Chartres, musique en
tête, et saluèrent le prince Albrecht, devant qui elles dé-
filèrent avec des cris enthousiastes. Il avait été stipulé
que toutes les boutiques resteraient ouvertes et que la
ville serait exempte de réquisitions. »

VIII

Cependant les Prussiens s'étaient avancés vers Paris,
et le 19 septembre ils en complétèrent l'investissement.
Dès ce jour, il fut impossible de sortir de la capitale ou
d'y rentrer, et cette immense ville resta isolée du reste
de la France. Alors commença ce siége, le plus fameux
dont l'histoire fasse mention, et à cause de la grandeur
de la ville et à cause du nombre extraordinaire des habitants qu'elle renfermait. Dans ces murailles entourées par
les armées ennemies, il n'y avait pas moins de *deux
millions trois cent mille âmes,* qu'il fallut nourrir avec
les ressources accumulées dans la cité, et sans recevoir
le moindre secours du dehors. Les Prussiens pensaient
que Paris ne tiendrait pas quinze jours; il tint quatre
mois et demi. On est stupéfait en songeant à la quantité

de vivres de toutes sortes qui devaient être accumulés dans cette ville qui avait chaque jour à nourrir deux millions trois cent mille bouches, et qui l'a fait durant cent trente-cinq jours.

Il est bien vrai de dire que ce ne sont pas des festins qu'on fit tous les jours, et que même, plus on alla, plus il fallut se serrer le ventre et se contenter de peu pour subsister. On commença par rationner la viande, et au bout d'un mois on n'en donna plus que trente-trois grammes par jour à chaque habitant, ce qui est une quantité bien insignifiante. Malgré cette parcimonie, les bœufs et les moutons vinrent bientôt à manquer, et il fallut manger les chevaux. On mangea aussi les chiens, les chats et même les rats, qui se vendaient jusqu'à vingt et trente sous en plein marché. Il restait bien encore quelques provisions, mais elles avaient atteint un prix exorbitant qui les rendait accessibles seulement aux grosses bourses. Voici un aperçu de quelques prix qui ont été payés durant le siége.

Ceux qui ont voulu manger à Noël l'oie de tradition ont dû la payer de 150 à 200 francs. Les pommes de terre manquèrent vite, et bientôt, pour en avoir, il fallut les payer 35 francs le boisseau, ce qui, en temps ordinaire, se payait dix à douze sous. Il y avait du beurre frais, mais il fallait y mettre 35 francs là livre pour en trouver,

3.

et il n'y en avait pas pour tout le monde. Le fromage de Gruyère se vendait 20 francs la livre ; un lapin se payait communément de 50 à 60 francs. Un beau chou allait jusqu'à 15 francs, un œuf frais, 3 francs, un pied de céleri, 10 francs, et le persil coûta 6 francs la livre. Toutes les denrées atteignirent ces proportions ; on vit vendre 6 fr. la livre de pruneaux. Quant à la viande, celle qu'on pouvait se procurer, était hors prix ; les boîtes de bœuf conservé, que quelques marchands possédaient encore, se vendirent 25 à 30 francs, et il n'y avait qu'une livre et demie de viande.

Voici un menu qui donnera une idée des recherches gastronomiques qu'on pouvait se permettre durant le siége :

« *Potages :* Bouillon Bénitès à l'extrait de viande de la Plata : bouillon à la gelée d'osséine. — *Hors-d'œuvre :* Beurre en croquettes à la graisse d'âne : filet de cheval à l'huile de cheval. — *Relevés :* Gigot de chien, côtelettes de chien, cervelle de cheval en matelote, croquettes à l'osséine. — *Entrées :* Civet de chat, salmis de rats, brochette de souris, moineaux francs, cheval fumé (façon Hambourg), andouillettes de rat, boudin de cheval, saucisses de cheval. — *Légumes :* Choux de Bruxelles, pois au lard. — *Entremets sucrés :* Beignets de betteraves, confitures d'amidon saccharifié.;... »

« Le civet de chat a été trouvé excellent par tout le monde ; la viande de chat est blanche et très-agréable au goût. Le gigot et les côtelettes de chien n'ont pas eu le

Travaux faits autour de Paris pendant le siége.

méme succés, peut-être parce que le mode de préparation n'était pas assez simple, assez naturel.

« Voici un autre menu :

« *Potage*: Consommé de chien à la Bismark. — *Hors-d'œuvre* : Saucisson d'âne à l'allemande, queues de rat à la Guillaume avec des cornichons bavarois, pieds de cheval à la Wurtembergeoise.— *Entrées* : Langues de chien à la sauce de Moltke, oreilles d'âne avec boulettes à la Saxonne.— *Rôtis* : Gigot de chien à la prussienne, côtelettes d'âne panées à la façon de notre Fritz. — *Entremets* : Petits pois conservés à la barbe des Allemands, salade romaine à la berlinoise.»

Quoique la portion de subsistance accordée à chacun devînt chaque jour plus minime ; quoique le pain fût exécrable et qu'il fallût bientôt le réduire à une ration quotidienne de 300 grammes ; quoique l'hiver fût rigoureux, et que le bois ainsi que le charbon manquassent complétement, il y avait une privation encore plus dure que toutes celles-là: la privation de toute nouvelle de l'extérieur. Paris put donner de ses nouvelles à la province au moyen des pigeons voyageurs et des ballons.

Le pigeon voyageur n'appartient pas à une espèce particulière retournant assez vite à l'état sauvage ; loin de là, c'est de tous les animaux le plus domestique, car son attachement au colombier est réellement extraordinaire.

On peut habituer un chat et même un chien à un nouveau maître ou à un nouveau domicile ; un pigeon adulte de race pure, jamais. Séquestrez-le pendant un, deux, trois ans ; accouplez-le, soignez-le de toutes les façons, le jour où il pourra prendre librement son vol, il regagnera, sans tarder d'une minute, son premier colombier.

Les pigeons voyageurs sont oiseaux du Nord, et, même à l'état sauvage, ils n'émigreraient jamais vers le Sud. La preuve en est que sur cent pigeons-Bruxelles partant de Lyon ou de Perpignan, quatre-vingts au moins rentreront dans leur colombier dans la même journée, tandis que, lâchés d'Utrecht ou d'Amsterdam seulement, ils laisseront quatre-vingts des leurs en route, et que les vingt autres mettront huit ou dix jours à rejoindre leur colombier.

Aussi, tout en approuvant la recommandation de ne le lâcher que le plus près des lignes d'investissement, M. Fumal-Deligny, l'éleveur de pigeons voyageurs, tient pour certain qu'à un pigeon voyageur bien élevé et bien entraîné, deux et même trois cents lieues ne font pas peur.

Le concours annuel de Perpignan donne chaque année, à quelques minutes près, le même résultat. Lâchés dans cette ville à six heures précises du matin, les premiers prix sont remportés à Bruxelles entre quatre et cinq heures du soir. La vitesse de vol de ces oiseaux, scientifiquement déterminée, est de 28 mètres par seconde ; et encore n'est-ce là qu'une moyenne, car on en a vu franchir jusqu'à trente lieues à l'heure. Les obstacles que rencontre le pigeon sont la pluie, le vent contraire, l'oi-

seau de proie, mais surtout et avant tout le brouil
lard.

Les éperviers, tiercelets, émérillons, milans, sont de
terribles ennemis des pigeons, qu'ils guettent au passage,
et dans les serres desquels les pauvres volatiles, qui ne se
détournent jamais de leur chemin, vont imprudemment se
jeter. Aussi toutes les sociétés de Belgique ont-elles mis
à prix la tête de ces oiseaux de proie (15 francs pièce).

Mais le plus grand obstacle au prompt retour du pigeon
voyageur à son colombier, c'est le brouillard, au milieu
duquel il lui est impossible de s'orienter ; et malheureu-
sement, en hiver, les messagers ailés de Tours le ren-
contraient trop souvent et trop intense sur leur chemin.

Alors, ou bien ils s'arrêtent et ne reprennent leur vol
qu'à l'éclaircie du temps, si la faim et la seif ne les ont pas
trop épuisés ; ou bien ils dépassent le but, en prenant à
l'ouest ou à l'est de Paris, et alors il y a des chances
pour qu'ils soient définitivement perdus ; car les voir revenir du nord vers le sud, il n'y faut guere compter.

Quant aux ballons, ils servirent à transporter des dépê-
ches et des voyageurs. C'est en ballon que Gambetta quitta
Paris pour aller organiser la défense nationale en province. Pendant la durée du siége il en fut lancé près d'une
centaine. Quelques-uns tombèrent dans les lignes prussiennes, mais la majeure partie arriva à bon port. Voici com-

ment une lettre particulière raconte la prise d'un de ces ballons.

« Ce matin, vers dix heures, deux gros ballons parisiens passèrent au-dessus du château. On tira sur eux, d'abord sans résultat, parce qu'ils étaient trop haut. A la fin cependant, un des deux ballons commença à descendre rapidement, et nous le vîmes disparaître derrière les arbres du parc.

« Aussitôt les chasseurs, artilleurs, et le comte de Soulheim, sous-lieutenant, qui se promenait à cheval, s'élancèrent à sa poursuite et le rattrapèrent à Champigny, où le ballon était accroché sur un toit de ferme.

« A onze heures et demie, nous vîmes arriver Soulheim avec trois Français, la nacelle et quatre grands sacs de poste. Ils en avaient déjà jeté un par-dessus le bord, car le ballon était trop chargé. Les trois pauvres diables étaient assis sur un divan, dans la salle de billard, pâles comme la mort. On les fouilla, on s'empara de leurs papiers, tout en leur laissant l'argent dont ils étaient porteurs. On leur apporta du vin, car ils étaient très-épuisés. Ils refusèrent de manger, et se contentèrent de prendre du café et du cognac.

« Ils avaient des doubles vêtements. Lorsqu'on leur parla de les conduire au quartier général de la Lande, ils parurent très-effrayés, ce qui néanmoins eut lieu à onze heurés et demie du soir. J'ai lu le certificat signé du gouverneur de Paris et du directeur général des postes. Ils étaient chargés de déposer les cinq sacs, si cela était possible, dans un bureau de la poste française, de se rendre ensuite à Tours pour rendre compte au gouvernement de l'accomplissement de leur mission. A cet effet, ils avaient emporté huit pigeons voyageurs dans une cage, que le lieutenant de la landwehr Kurr a apportés ici. L'un de ces pigeons est rouge, assez sauvage ; l'autre a des signes rouges sur l'aile droite ; les autres sont des pigeons ordinaires. Nous les gardons provisoirement.

« A Champigny, les trois Français s'étaient déjà retirés dans une grange, où des paysans français leur prêtaient des blouses lorsque nos gens arrivèrent.

« La nacelle consiste en une corbeille carrée venant jusqu'à la poitrine, et qui se trouve maintenant devant le château.

« Elle est faite d'osier et de jonc, et est extrêmement solide. Les cordes qui le retiennent au ballon passent en dessous de la nacelle, et de l'autre côté sont solidement attachées à des anneaux en bois qui tiennent au filet du ballon ; à l'intérieur de la nacelle trois places, et sur les sacs qui pendent en dehors, ce mot : « *Postes.* »

« Un des voyageurs aériens avait sur sa casquette ces mots : *Ingénieur des ponts et chaussées*. Il portait des lunettes, une barbe blonde, et paraissait âgé d'environ quarante ans; l'autre, employé de la poste, d'environ trente ans, et le troisième, un matelot, avec des ancres sur son collet. L'ancre du ballon, pesant environ 50 livres, est à la porte du château. »

IX

Paris et Metz n'étaient pas les seules villes assiégées, diverses autres places fortes l'étaient aussi, entre autres Strasbourg dont la résistance fut héroïque. Voici, sur le bombardement sauvage que cette citée eut à subir, le récit d'un témoin oculaire :

« Le bombardement de Strasbourg a commencé le 14 août au soir ; environ huit maisons ont pris feu au faubourg National. Ce n'était rien encore. Le lendemain, le 15 août, à neuf heures, les hostilités recommencèrent. Des bombes, des obus, des boulets abîmèrent notre malheureuse ville et y allumèrent en plusieurs endroits des incendies.

« Du 15 au 20 août, à plusieurs reprises, la ville fut encore bombardée, mais seulement la nuit. Postés dans les environs, dans les villages de Schiltigheim, Bischheim, la Robertsau, Neuhof et Kœnigshofen, les Badois (car

Le général Uhrich.

c'est aux voisins les plus immédiats de Strasbourg qu'a
été réservée la gloire de réduire en cendres une ville de
quatre-vingt mille âmes), les Badois donc ouvraient un
feu meurtrier. A l'approche du jour, ils se retiraient dans
les villages éloignés de la ville, et ce n'est que vers le soir
qu'ils recommençaient leur feu dévastateur.

« Aucun défenseur de la place posté sur les remparts
n'a encore été tué : les murs, les palissades, les portes de
la ville, tout est encore intact. Les Allemands ne tirent
que sur la ville même : incendier autant que possible
d'habitations, ruiner la population, voilà leur but.

« Le commandant de place envoie un parlementaire, le
capitaine Rœderer, pour obtenir du général allemand
l'autorisation de faire sortir de la place les femmes et les
enfants. Réponse négative du général allemand, disant
que, les femmes et les enfants sauvés, la place pourrait ne
pas se rendre ; le trompette qui accompagnait le capitaine
Rœderer fut tué, et le capitaine lui-même fut dangereuse-
ment blessé.

« C'est à partir du 22 août, alors que les Badois, ayant
pu faire arriver leurs pièces de gros calibre, furent en
état de tout réduire en cendres, que Strasbourg a eu le plus
à souffrir. Des rues entières sont brûlées ; la rue du Dôme
n'est plus que ruines, ainsi que la rue de la Nuée-Bleue.
La bibliothèque de la ville et du séminaire protes-

tant, trésor inappréciable d'érudition, est anéantie. Le gymnase protestant, rebâti à neuf il y a quatre ans, par le produit des collectes faites dans le monde entier, n'existe plus.

« Le Temple-Neuf a pris feu ; la clôture en est brûlée, les piliers de l'église, restes de l'architecture d'un âge tout entier, se sont affaissés ; seuls de cette immense église, deux pignons se dressent encore dans les airs. Deux quartiers de la ville sont entiers ; la Krutenau et le Marais-Kagenek n'existent plus. L'Aubette, la galerie de tableaux, la maison Schedeiker, l'église Saint-Thomas avec son fameux mausolée du maréchal de Saxe, sont détruits. Partout la ruine, les décombres, la flamme. Les malheureux habitants réfugiés dans les caves voient leurs habitations embrasées et ne peuvent les secourir ; les bombes, les fusées attisent sans cesse la flamme.

« Plusieurs personnes de la ville ont été tuées ; le portier de l'hôtel de la Maison-Rouge, à quatre heures du matin, faisant sa ronde, sa lanterne à la main, eut la tête emportée par un boulet. Les statues de Kléber, de Gutenberg, ont été endommagées ; la cathédrale elle-même a eu sa part de boulets ; en plusieurs parties elle a été mutilée. Peut-être, au moment où j'écris, elle est en train de s'écrouler ; peut-être les Allemands ont-ils, dans leur vengeance aveugle, montré au monde ce que leur civilisation leur permet de faire.

« Le général Uhrich a déclaré qu'il ne se rendrait que sur un monceau de cendres, et le monceau de cendres ne tardera pas à prendre la place de la ville naguère si florissante. »

Le brave général Uhrich tint parole; quand il rendit Strasbourg à la fin de septembre, cette ville était plus qu'à moitié détruite.

X

Un mois après, Metz, où il y avait encore à manger du pain et de la viande, mais où le sel manquait complétement et où régnait une mortalité terrible à cause du grand nombre de blessés, Metz succombait à son tour, et sa reddition causait dans la France un effroi douloureux. Non-seulement c'était notre dernière armée qui était faite prisonnière, non-seulement c'était notre place la plus forte qui tombait aux mains de l'ennemi, mais encore c'étaient deux cent mille ennemis qui devenaient libres et qui allaient parcourir la France en y portant la dévastation et la mort. En effet, les armées allemandes se répandirent dans la France du nord et du centre. Elles allaient jusqu'à la mer, pillant, rançonnant à plaisir la riche Normandie. Quand toutes les réquisitions avaient été faites,

Le général Faidherbe.

quand toutes les contributions avaient été imposées,

Le maréchal Bazaine.-

alors une autre sorte de pillage commençait. Les soldats
les officiers surtout, ces nobles, ces gentilshommes qui ont
tant de morgue et de vanité, ne craignaient pas de salir
leur nom en descendant au rang de vulgaires brigands.
ils inspectaient les maisons particulières, les administra-
tions publiques et les musées ; ils s'emparaient des meubles
riches, des beaux tableaux, de tout ce qui pouvait tenter
leur cupidité ; ils embarquaient tout cela dans des four-
gons, et pour protéger ces prises contre les coups de
main des francs-tireurs, ils mettaient le convoi à l'abri
d'un tableau d'ambulance, faisant croire que c'était un
train de blessés. Cette ruse mise au service du vol était
bien digne des lâches qui dans presque toutes les rencon-
tres ont tiré sur nos ambulances, achevant les malades
et blessant les médecins.

XI

Pour résister à cette invasion de sauvages, la France
entière s'était levée ; tous les célibataires de 20 à 40 ans
avaient été enrégimentés. Ces soldats improvisés man-
quaient de l'habitude des camps, ignoraient les préceptes
de l'art militaire, mais ils avaient ce qui ne s'apprend pas
et qui se trouve au fond du cœur : la bravoure et l'amour
de la patrie. Ces soldats à peine armés, manquant sou-

vent de vivres et de chaussures, ayant contre eux des
soldats admirablement disciplinés et une artillerie formidable, firent des prodiges de valeur. Mais que peut le
courage contre l'écrasante supériorité du nombre, de
la science et des armes ? En vain de brillantes victoires
furent remportées par Aurelle de Paladines et Chanzy
sur les bords de la Loire, par Faidherbe dans le Nord,
par Bourbaki et Garibaldi dans l'Est ; après chacun de
ces efforts héroïques les Prussiens arrivaient en colonnes
plus nombreuses, et nous faisaient perdre le lendemain les conquêtes de la veille. Les choses en étaient
là, et grâce à notre indomptable énergie, au dévouement
patriotique de tous les citoyens, les choses eussent peut-
être changé de face, et l'armée allemande se fût-elle trouvée dans une situation critique, lorsque la capitulation de
Paris vint arrêter cette lutte sanglante.

XII

Elle était tombée, la grande cité, mais non sans avoir
fait preuve de viril courage et d'admirable patience. Trois
fois la garnison avait essayé de percer les lignes ennemies, trois fois elle avait été repoussée, à Villiers, au
Bourget et à Montretout, mais elle avait donné aux assié-

Le général Ducrot.

geants des preuves terribles de sa valeur et de son désespoir. Le jour fatal était venu; le pain, qui était d'une
qualité détestable, et où il entrait plus de paille que de
farine, allait manquer complétement. Il fallut demander
à l'ennemi ses conditions, qui furent dures et pénibles,
comme on devait s'y attendre. Paris remit ses forts, ses
armes, ses canons, et dut payer 200 millions pour se ra-
cheter du pillage et de l'occupation prussienne. En même
temps un armistice fut conclu pour permettre de convo-
quer une assemblée nationale et de traiter avec elle la
question de la paix.

Les élections se firent le 8 février, et le Corps législatif
se réunit dans la ville de Bordeaux. Là l'ennemi fit con-
naître les conditions auxquelles il consentait à nous accorder la paix : la cession de l'Alsace et de la Lorraine
et une indemnité de cinq milliards. Quelque dure que fût
cette loi, il fallut s'y soumettre. L'ennemi occupait la
majeure partie du territoire, et prolonger la lutte eût été
une folie qui eût entraîné notre ruine totale. La paix fut
donc signée, la France démembrée, et les Etats de l'Europe assistèrent en témoins impassibles à cet égorgement
d'une grande nation.

XIII

Aux termes de la convention qui mettait fin à la résistance de Paris, trente mille Allemands devaient entrer
dans la ville et occuper les quartiers compris entre l'enceinte fortifiée, du côté de l'ouest, la Seine, le Louvre, la
rue du Faubourg-Saint-Honoré et le boulevard des Ternes.
Il avait été stipulé en outre qu'ils pourraient visiter deux
monuments, non compris dans le périmètre qui leur était
assigné, le Louvre et l'Hôtel des Invalides, mais par escouades successives et sans armes.

La veille du jour où le Prussien devait pénétrer dans
nos murs, la garde nationale transporta ses canons de
l'Ecole militaire où ils étaient parqués, sur divers points
de la rive droite, afin de les soustraire à la rapacité du
vainqueur. De plus, des bataillons occupèrent en force les
abords du quartier concédé aux Allemands, afin d'empê-
cher les communications de curieux sans cœur venant
contempler les vainqueurs.

A sept heures du matin, le roi Guillaume, accompagné
de M. de Bismark et de M. de Moltke, avait passé en
revue, dans la plaine de Longchamps, les corps de son
armée désignés pour occuper Paris. Après le défilé des
troupes, le roi avait jugé prudent de rentrer à Versailles,

laissant aux subalternes le périlleux honneur de pénétrer dans la capitale de la France.

A huit heures, un officier supérieur, escorté de quelques uhlans, se hasarda sur la place de la Concorde. Un millier de spectateurs, placés au coin des rues de Rivoli et Royale, accueillirent cette avant-garde aux cris de: Vive la République ! C'était tèrs-bien; mais, suivant nous, il eût été bien mieux encore de ne rien dire.

C'est à huit heures aussi que les fourriers du 11e corps allemand prenaient possession des Champs-Elysées et s'installaient dans les bâtiments du Palais de l'Industrie. A trois heures seulement, le gros des troupes fit son entrée par la barrière de l'Etoile, faisant le tour de l'Arc de Triomphe, afin de ne pas passer dessous.

Le corps d'occupation était composé de six régiments de chasseurs bavarois, deux batteries d'artillerie et une compagnie de canonniers bavarois, trois régiments d'infanterie prussienne, un escadron de hussards de la mort, un escadron de dragons bleus, enfin un régiment de uhlans, ensemble vingt-sept à vingt-huit mille hommes. Un très-nombreux état-major marchait en tête des troupes, accompagné d'escouades de cuirassiers blancs.

Malgré les recommandations faites par la plupart des journaux, malgré les exhortations de tous les maires à leurs administrés, la curiosité, une curiosité stupide, avait porté un certain nombre d'individus des deux sexes autour des campements ennemis. Quelques scènes regrettables en résultèrent. Des femmes à toilettes compromettantes furent huées, quelques-unes même fustigées. C'était un spectacle assurément bien triste que de voir ces malheureuses à moitié nues, les vêtements lacérés, les cheveux en désordre, pâles et affolées de terreur, tiraillées en tous sens, en butte aux opprobres, aux crachats d'une foule débraillée qui pouvait n'avoir pas tout à fait tort dans la circonstance, mais qui était surtout incitée par la satisfaction d'insulter à des gens bien mis.

Une scène d'un autre genre se passait rue de Rivoli. Vers trois heures, un détachement de uhlans était venu faire une ronde jusqu'au commencement de la rue, près des sentinelles françaises. Un individu appela les cavaliers, leur offrit des cigares, et, quand ils repartirent, il leva son chapeau en l'air et se mit à crier avec ivresse : Vive la Prusse ! Aussitôt la foule indignée se rua sur ce misérable, prête à l'écraser sous ses pieds. Deux marins réussirent à l'arracher des mains de la multitude et l'entraînèrent presque mort au poste de la place Vendôme.

Sauf ces incidents regrettables, la ville resta calme et digne ; la plupart des magasins fermèrent leurs volets en signe de deuil, et les véritables patriotes s'imposèrent le devoir de ne pas même sortir de chez eux. De grands voiles couvraient les statues des villes de France sur la place de la Concorde.

Quelques officiers allemands pénétrèrent dans les cours du Louvre et même se promenèrent sur la Colonnade. Ils avaient demandé à visiter les musées. Mais le général Vinoy leur fit répondre que la plupart des tableaux du Louvre avaient été roulés et descendus dans les caves, et que les statues se trouvaient dans des salles dont les fenêtres étaient encore blindées et où, par conséquent, l'obscurité était complète. Quant à l'Hôtel des Invalides, dans lequel, aux termes de la convention, ils avaient le droit d'être introduits, le général fit valoir les inconvénients qui pourraient résulter, au point de vue de leur sécurité, du passage des officiers allemands sur la rive gauche, et on n'insista pas; pas un Prussien ne traversa la Seine.

Le lendemain du jour où les Allemands étaient entrés, les préliminaires du traité de paix ayant été votés, M. Jules Favre se rendit à Versailles afin de demander, en vertu de l'art. 3, l'évacuation immédiate des troupes allemandes. En conséquence, le 3, au matin, toutes les troupes alliées quittaient Paris, dans lequel, on peut l'affirmer, elles n'étaient pas réellement entrées. Ce n'était pas là l'attitude d'une armée victorieuse, et les Allemands, à Paris, avaient l'air d'être les prisonniers des Parisiens plutôt que leurs vainqueurs. Qui, parmi ces hordes barbares, peut se vanter d'avoir vu la grande ville?

Toutefois, la présence de l'étranger fut une souillure morale, à laquelle se joignit la souillure matérielle. Il est, en effet, impossible de s'imaginer les ordures de toute nature que laissèrent après eux ces nouveaux barbares dans la capitale de la civilisation. Les écuries d'Augias, type de la malpropreté dans l'antiquité, n'étaient rien comparées aux campements de l'armée impériale : ne pouvant rien emporter, elle avait tout sali.

XIV

Voici le texte de la proclamation par laquelle le Gouvernement de la défense nationale annonçait la fin de la résistance :

« Français!

« Tant que le Gouvernement a pu compter sur l'arrivée d'une armée de secours, il était de son devoir de ne rien négliger pour prolonger la défense de Paris. En ce moment, quoique nos armées soient encore debout, les chances de la guerre les ont refoulées, l'une sous les murs de Lille, l'autre au-delà de Laval, la troisième enfin sur les frontières de l'Est. Nous avons dès lors perdu tout espoir qu'elles puissent se rapprocher de nous, et l'état de nos subsistances ne nous permet pas d'attendre.

« Dans cette situation, le Gouvernement avait le devoir absolu de négocier. Les négociations ont lieu en ce moment.

« C'est le cœur navré de douleur que nous déposons les armes. Ni les souffrances, ni la mort dans le combat n'auraient pu contraindre Paris à ce cruel sacrifice. Il ne cède qu'à la faim; il s'arrête quand il n'a plus de pain. Dans cette cruelle situation le Gouvernement a fait tous ses efforts pour adoucir l'amertume d'un sacrifice imposé par la nécessité. Depuis lundi soir il négocie; ce soir a été signé un traité qui garantit à la garde nationale tout entière son organisation et ses armes. L'armée, prisonnière de guerre, ne quittera pas Paris. Les officiers garderont leur épée. Une assemblée nationale est convoquée. La France est malheureuse, mais elle n'est pas abattue. Elle a fait son devoir; elle reste maîtresse d'elle-même. »

L'armistice avait été signé le 28 janvier 1871 entre M. Jules Favre et M. de Bismark. Le 28 février suivant, l'Assemblée nationale, réunie à Bordeaux, reçut communication des conditions de paix obtenues par M. Thiers. Après une courte discussion, ces conditions furent ratifiées par 546 voix contre 107.

M. Thiers avait été nommé Chef du pouvoir exécutif, et
il était chargé de remettre la France dans son ancien état
de prospérité et de splendeur. C'est à cette tâche qu'il
s'est dévoué, malgré ses soixante-quinze ans. Grâce à la
confiance que son patriotisme inspire, les cicatrices de la
nation se ferment, et elle aura bientôt repris en Europe le
rang qui lui appartient.

LA COMMUNE

HISTOIRE

DE

LA COMMUNE

INSURRECTION DE LA COMMUNE DE PARIS

I

Il semblait que la France avait épuisé tous les malheurs que le destin lui réservait. Il n'en était rien pourtant, Pendant que la France gémissait sous le poids écrasant de l'occupation prussienne, des misérables levaient le drapeau de la révolte à Paris, chassaient le gouvernement et tentaient de propager l insurrection dans toutes les provinces. Cette tentative heureusement ne réussit pas, sans quoi c'en était fait complétement de la France. Si l'Assemblée nationale eût été renversée, les Prussiens, dégagés de tout engagement, foulaient notre pays aux pieds,

Pascal Grousset.

Dupont.

le traitaient en ennemi et le démembraient selon leur
bon plaisir. De sorte que c'était le jeu de nos ennemis que
faisaient ces misérables, qui essayaient vainement de ca-
cher leur infamie sous de magnifiques déclarations de
principes et sous les promesses les plus séduisantes.

Leurs actes, leurs décrets témoignèrent bientôt de ce
qu'ils eussent fait si la victoire leur fût restée. Ils commencèrent par abolir la propriété, la famille et l'hérédité,
par accorder les mêmes droits aux concubines qu'aux
épouses légitimes, aux bâtards qu'aux enfants nés dans le
mariage. Leur grand principe était celui-ci : Celui qui
n'a rien, qui est un paresseux, un ivrogne, un débauché,
a le droit de venir partager ce que l'homme laborieux,
rangé et économe a acquis au prix de ses sueurs et de son
travail. Terre, capital, argent, meubles, maisons, tout devait être mis en commun : c'était la revendication de celui
qui n'a rien contre celui qui possède quelque chose.

En conséquence de ces principes, on vit les chefs de cette
insurrection qui triomphait dans tout Paris, piller les
caisses publiques et privées, arrêter ceux qui leur parais-
saient suspects, fermer les églises, fusiller ceux qui ré-
sistaient. Cette révolte avait commencé par le meurtre du
général Clément Thomas et du général Lecomte, elle se
termina par le massacre de plusieurs milliers d'innocents
et par l'incendie d'une partie de Paris.

Laissons le récit de ces scènes lugubres à l'acte d'accusation tel qu'il fut lu devant le conseil de guerre chargé de juger les principaux de ces misérables.

II

Le 18, dès le matin, toutes les positions où la faction anarchiste avait retranché ses canons étaient enlevées par les troupes avec une vigueur et un entrain remarquables.

Mais, ce premier succès remporté, il fallait traverser Paris avec 250 attelages conduisant chacun une pièce d'artillerie. De là un encombrement et des lenteurs qui donnaient aux bataillons de Montmartre et de Belleville le temps d'accourir en armes.

Une foule énorme, où les femmes et les enfants se mêlaient en grand nombre, entourait les soldats. jetait la confusion dans leurs rangs, désarmait les uns, entraînait les autres à une honteuse défection, et rentrait en possession des canons, qu'elle replaçait sous la surveillance de la garde nationale,

Néanmoins la majeure partie des troupes se repliait en bon ordre sur la rive gauche de la Seine, où le gouvernement siégeait encore au ministère des affaires étrangeres.

A travers cette mêlée, le général Lecomte, séparé de

Cournet.

Delescluze,

ses hommes, était fait prisonnier. Un peu après, le général Clément Thomas, venu, en habits civils, à la recherche
de l'un de ses aides de camp, était saisi. Tous deux étaient
conduits dans une maison de la rue des Rosiers, où le
comité central avait son siége, et fusillés dans un jardin
attenant à cette maison. Six heures s'écoulèrent entre le
moment de leur arrestation et celui de leur exécution.
Quel est le rôle du comité central dans cet épouvantable
forfait? Il a essayé de se disculper dans une note insérée
au *Journal officiel* de la Commune du 20 mars. Le texte
seul de cette note l'accuse aussi hautement que le ferait
un aveu:

« Tous les journaux réactionnaires ont publié un récit
plus ou moins dramatique sur ce qu'on appelle l'assassinat
des généraux Lecomte et Clément Thomas. Sans doute
es choses sont regrettables. Mais il importe, pour être
impartial, de constater deux faits :

« 1° Que le général Lecomte avait commandé à quatre
« reprises sur la place Pigalle de charger une troupe
« inoffensive de femmes et d'enfants.

« 2° Que le général Thomas a été arrêté au moment
« où il levait, en habits civils, un plan des barricades de
« Montmartre.

« Ces deux hommes ont donc subi la loi de la guerre,
« qui n'admet ni l'assassinat des femmes ni l'espionnage.

« On nous raconte que l'exécution du général Lecomte
« a été opérée par des soldats de la ligne et celle de Tho-
« mas par des gardes nationaux.

« Il est faux que ces exécutions aient eu lieu sous les
« yeux et par les ordres du comité central. Le comité cen-
« tral siégeait avant-hier rue Onfroy, près de la Bastille,
« et il a appris en même temps l'arrestation et la mort
« des deux victimes de la justice populaire. Ajoutons
« qu'il a ordonné une enquête immédiate. »

Un pareil crime, suivi d'une pareille apologie, n'inau-
gurait-il pas bien dignement le règne de cette puissance
qui devait finir dans le sang des otages et au milieu des
flammes de Paris incendié? Dès le 18 au soir et dans la
nuit, l'émeute occupait la place Vendôme, le Château-
d'Eau, les ministères et l'Hôtel de Ville.

Soucieux, avant tout, d'éviter un désastre sans retour,
le gouvernement se repliait sur Versailles, protégé par
les troupes et appelant à lui les fonctionnaires de tous
ordres. Pendant six heures il avait attendu que la garde
nationale, répondant à son appel, vînt se grouper autour
de lui. Les citoyens demeurèrent pour la plupart spectateurs stupéfaits et inactifs des événements qui menaçaient
d'une manière si grave leurs intérêts les plus chers. Soit
aveuglement, soit insouciance, soit chez certains un sentiment moins avouable encore, ils devaient bientôt se re-

pentir, trop tard, hélas ! de leur regrettable abstention.

La Cecilia.

Dès le 20 mars, en effet, et sur les premiers actes du comité central, qui déjà ouvrait les prisons et prenait des

Ferré.

otages, un centre de résistance s'organisa. La presse lui

donna courageusement son appui. Les maires et les délégués s'entretinrent dans des vues de conciliation. Un nouveau crime rompit, le 22, toutes les négociations. Une manifestation sans armes qui se présentait à la place Vendôme, à l'état-major de la garde nationale, pour revendiquer les droits de l'Assemblée élue par le pays, fut accueillie par une décharge meurtrière.

Nombre de victimes tombèrent sous les balles de l'émeute, et le comité central, pour expliquer ce nouveau forfait comme il avait expliqué le premier, ne craignit pas de l'attribuer à une provocation partie des rangs de la manifestation.

Devant de tels actes, toute résistance parut inutile. L'amiral Saisset, placé par le gouvernement à la tête de la garde nationale dans le but de donner aux hommes d'ordre un point de ralliement et un chef éprouvé résigna son commandement, et les événements suivirent leur cours.

Le comité central, suivant sa pompeuse déclaration, n'était que le dépositaire des droits du peuple, il ne s'en était saisi que pour les sauvegarder. Le peuple fut appelé à nommer directement ses mandataires. Les élections du conseil municipal eurent lieu le 26 mars, et le 28 la Commune révolutionnaire de Paris était installée solennellement à l'Hôtel de Ville. En apparence, le comité central, composé de membres de l'Association internationale, abdiqua devant l'élection. En réalité, il demeura le véritable directeur du mouvement.

Il serait oiseux de reprendre en détail les actes du pouvoir insurrectionnel qui, pendant deux mois, pesa sur Paris par la terreur. A qui veut les embrasser dans une vue générale ils n'offrent qu'incohérence et contradiction. Aucun système ne préside à leur conception. L'intérêt ou la passion du moment semble seul les déterminer. Un caractère commun les domine cependant, le mépris audacieux de tous les droits, que la Commune s'était donné la mission de protéger, et en même temps l'imitation servile des procédés gouvernementaux de 1793.

Le plagiat du comité de salut public après le plagiat de la Commune, la loi des suspects, la constitution d'un tribunal révolutionnaire, la mise en accusation des chefs militaires que la fortune a trahis, tout en un mot, en attendant les massacres de septembre dans l'assassinat des otages.

Cependant le gouvernement légal de la France s'était constitué à Versailles, et il concentrait, au prix de mille efforts, les forces nécessaires au rétablissement de l'ordre dans Paris.

Sur divers points du territoire, des mouvements insurrectionnels s'étaient produits, à Lyon, à Marseille, à Limoges, à Saint-Etienne, ailleurs encore, et furent énergiquement comprimés. Paris était désormais isolé dans sa rébellion.

Gambon

Le 2 avril les opérations militaires s'engageaient; elles se continuaient sans interruption jusqu'au 28 mai. Elles ne furent pour la Commune qu'une suite de revers et qu'un prétexte à de nouveaux crimes. Dès le premier

Millière.

jour, au moment où la lutte allait s'engager, le médecin en chef de l'armée, revêtu de ses insignes, s'avança entre les combattants pour faire un appel suprême à une conciliation, il est lâchement assassiné par les troupes de l'insurrection. Puis, comme si elle voulait se venger de ses défaites sur les membres du gouvernement, la Commune les met en accusation et séquestre leurs biens; elle ordonne que la maison de M. Thiers sera démolie ; enfin, envieuse de toutes les gloires, sans respect pour les grands souvenirs du pays, sous les yeux, mêmes de l'étranger vainqueur, elle décrète que la colonne Vendôme sera détruite!

Ce n'est pas assez. Elle a recours au système impie des otages; elle prend ses victimes dans les rangs les plus élevés de la magistrature et du clergé. L'archevêque de Paris, le curé de la Madeleine, d'autres ecclésiastiques, encore des religieux, vont rejoindre à la Conciergerie le président Bonjean, arrêté vers les derniers jours de mars.

Faut-il mentionner, à côté de ces faits qui dominent tous les autres, la violation journalière du domicile privé, les vols de toute sorte qui s'abritent sous le voile de perquisitions arbitraires, les arrestations illégales, le pillage organisé, la poursuite barbare des réfractaires.

Dès le commencement d'avril les biens du clergé avaient été frappés de confiscation. Ce fut, dès lors, à travers les couvents et les églises de la capitale, une suite non interrompue d'inquisitions odieuses et de spoliations sacriléges.

On envahit, le 4 avril, l'établissement scolaire des Jésuites de la rue Lhomond, la maison des missionnaires du Saint-Esprit, celle des Pères dominicains de la rue Jean-de-Beauvais. Les religieux sont violentés, les meubles brisés et les caves entièrement dépouillées.

Deux jours après, l'église Saint-Sulpice est occupée militairement; le séminaire est envahi et le supérieur arrêté.

On visite successivement l'établissement des capucins et celui des Petites-Sœurs des pauvres.

Le 10 avril, le clergé de Montmartre est arrêté, les portes de l'église sont fermées, et l'on appose l'affiche suivante :

« Attendu que les prêtres sont des bandits, et que les églises sont des repaires où ils ont assassiné moralement les masses en courbant la France sous la griffe des infâmes Bonaparte, Favre et Trochu, le délégué civil des Carrières près l'ex-préfecture de police ordonne que l'église de Saint-Pierre-Montmartre soit fermée, et décrète l'arrestation des prêtres et ignorantins.

« LE MOUSSU. »

Le 16 avril, l'église Saint-Jacques-du-Haut-Pas, le

Courbet.

couvent des Oiseaux, l'église Saint-Vincent-de-Paul, sont

saccagés; et bientôt les clubs s'installent dans le lieu saint. On découvre au couvent de Picpus des instruments d'orthopédie qu'une feuille mal famée ne craint pas de

Église Saint-Laurent.

présenter comme engins de torture. On y trouve aussi des ossements qui passent aux yeux d'une foule égarée pour appartenir aux victimes d'un fanatisme aveugle. On exploite de même, avec une mauvaise foi aussi redoutable que grossière, la découverte de squelettes déjà anciens dans l'église Saint-Laurent.

L'église Notre-Dame-des-Victoires est profanée à son tour, et l'on fait grand scandale d'une tête de jeune fille en état de parfaite conservation, connue de tous les fidèles pour une tête en cire représentant sainte Valérie.

Nous arrivons au mois de mai. L'armée de Versailles resserre chaque jour son cercle d'investissement, et chaque jour aussi marque une nouvelle défaite pour les insurgés. Les instants de la Commune sont désormais comptés. On le présagerait à voir seulement les orages qui s'élèvent dans son sein et les mesures suprêmes qu'elle se hâte de prendre.

L'hôtel de M. Thiers est entièrement démoli, le 15 mai, après avoir été depuis longtemps dépouillé. La colonne Vendôme tombe le 16. Le 17, une explosion formidable se produit à la cartoucherie de l'avenue Rapp. Il faut allumer la haine violente de l'ennemi au cœur des fédérés, que leurs revers journaliers découragent visiblement. La Commune ne craint pas d'imputer au gouvernement de Versailles un crime qui, tout porte à le croire, a été l'œuvre de ses agents; elle arrête de prétendus coupables qui ne devront, quelques jours après, leur salut et leur liberté qu'à l'entrée des troupes régulières.

Le 21 mai, grâce aux coups d'une formidable artillerie, la porte de Saint-Cloud est forcée, et l'armée arrive comme d'un bond sur les hauteurs du Trocadéro.

Son attaque inattendue est le signal des dernières horreurs qui devaient couronner le règne honteux de la Commune.

Le 23, à dix heures du soir, Rigault se rend à Sainte-Pélagie, où plusieurs otages sont détenus, entre autres M. Chaudey, avocat à la cour d'appel de Paris. Deux individus l'accompagnent, armés comme lui jusqu'aux dents.

Il mande Chaudey au greffe et lui notifie brutalement son arrêt de mort, qui va être exécuté sur l'heure.

Le prisonnier récrimine faiblement. Rigault lui reproche avec violence d'avoir fait tirer sur le peuple dans la journée du 22 janvier. Des gardes nationaux arrivent d'un poste voisin pour former le peloton d'exécution, tandis que Rigault, en présence de sa victime, dicte à son secrétaire un procès-verbal qu'un témoin oculaire a pu relater mot pour mot. « Savez-vous bien ce que vous allez faire ? » dit alors Chaudey ; et comme il ne reçoit pour réponse que des railleries, il sort en ajoutant :

« Eh bien, Raoul Rigault, vous allez voir comment meurt un républicain. »

Arrivé dans le chemin de ronde, le procureur de la

Gustave Chaudey.

Commune tire son épée et commande le feu. Chaudey
n'est atteint qu'au bras. Il tombe en criant :

Vive la République !

Raoul Rigault.

Deux hommes s'approchent et l'achèvent. On fusille

ensuite trois gardes républicains, toujours sur l'ordre de
Rigault, qui se retire en disant :

« Il y a longtemps qu'on aurait dû faire cela ! »

La nuit suivante, le couvent des dominicains d'Arcueil
est envahi par des fédérés ivres de fureur, et les religieux, poussés au dehors, sont assassinés sur la voie
publique. Enfin, la prison de la Roquette est le théâtre,
dans les journées du 24 et du 25, d'un massacre où tom-
bent à la fois des victimes illustres et d'humbles soldats
su devoir, confondus dans un martyre à jamais mémo-
rable.

Il faut laisser parler ici un témoin oculaire de ces
scènes sanglantes :

L'abbé de Marsy, vicaire de la paroisse de Saint-Vincent-de-Paul, avait été incarcéré à Mazas, et de là con-
duit à la Roquette, où Mgr Darboy, M. Bonjean, l'abbé
Deguerry, d'autres encore l'avaient précédé. Placé dans
une cellule voisine de celle qu'occupait M. Bonjean, il
s'entretenait avec lui, lorsqu'une voix brutale et impérieuse se fit entendre :

« Monsieur Bonjean, sortez, descendez comme vous
« êtes. » Il comprit, continue le témoin, et son regard,
« sans pour cela perdre sa calme sérénité, me fit compren-
« dre le sens sinistre de cet appel. J'entendis aussi le
« nom des autres victimes, et je remarquai même que

« monseigneur fut appelé « M. Darboy. » La main de
« M. Bonjean s'étendit vers moi, et, pendant que nous
« échangions la longue étreinte du suprême adieu, il me
« donna d'une voix ferme ses dernières recommandations
« à transmettre à sa famille, puis il rejoignit les bour-
« reaux impatients, et je l'entendis s'éloigner avec les
« autres.

« Je restai debout près de la fenêtre, et au bout de
« quelque temps j'aperçus le groupe des martyrs descen-
« dant le chemin de ronde intérieur et marchant vers
« moi. Ils suivaient le milieu du chemin, et les satellites
« étaient répandus sans ordre des deux côtés, monsei-
« gneur marchait le premier... La grille qui ferme le bout
« du chemin de ronde et qui se trouve presque sous la
« fenêtre où j'étais, avait été ouverte, monseigneur, ap-
« puyant la main sur cette grille, s'arrêta pour parler et
« prononça quelques mots, que, malgré tous mes efforts,
« le tumulte m'empêcha de saisir ; une voix farouche
« couvrait la sienne.

« — Allons, allons, s'écria le misérable, ce n'est plus le
« moment des discours, les tyrans n'y mettent pas tant
« de ménagements. Monseigneur franchit la grille le pre-
« mier, les autres suivirent, fermes, calmes et doux en-
« vers la mort comme envers les meurtriers.

« Le Père Ducoudray ouvrit le devant de sa soutane et

6

« me désigna sa poitrine et la place du cœur. Je les vis

Félix Pyat.

« tous détourner vers le chemin de ronde extérieur, et je
« demeurai abîmé dans les sentiments d'un prêtre qui

« vient de voir pour la dernière fois son évêque, et son
« évêque marchant au martyre. Une ou deux minutes
« après, un feu de peloton à volonté retentit. »

Ces faits se passaient le 24 mai dans la soirée. Le len-

Episode de l'incendie de la rue de Lille.

demain, quinze nouvelles victimes sont sacrifiées. Parmi
elles se trouve le père de Bengy, de la compagnie de
Jésus.

Un gardien qui fait l'appel des condamnés ne peut lire
son nom. Le religieux s'approche, jette un coup d'œil sur

la liste et dit simplement : C'est moi! Et il suit les
bourreaux au lieu du supplice.

« Point de plaintes, ajoute le témoin, point de récla-
« mation, d'embrassement ni de bénédiction, mais la sim-
« plicité, le calme, le silence, qui imprimèrent à cette
« scène le caractère le plus auguste et le plus solennel. »

Ce n'était point assez de tels massacres. Contraints
d'abandonner Paris à l'armée, dont la marche sûre et ra-
pide l'atteindrait bientôt dans ses derniers refuges, la
Commune avait résolu de ne laisser à ses vainqueurs que
des ruines.

Inspiration d'une haine infernale, et en même temps
moyen de résistance puissant, l'incendie devait éclater
sur tous les points, à mesure que l'insurrection serait
réduite à reculer.

Nul doute qu'un plan d'ensemble n'ait été conçu dans
ce sens. Les dispositions avaient été prises pour son exécution. L'arrivée empressée des troupes a sauvé Paris
d'un embrasement général. Les trois pièces suivantes
apportent sur ce point des témoignages irrécusables.

La première est signée de Ferré :

« Citoyen Luçay,

« Faites de suite flamber Finances, et venez nous re-
trouver.
« TH. FERRÉ.

« 4 prairial an 79. »

Le lieutenant-colonel Parent, commandant de l'Hôtel de Ville, donne un ordre analogue : ,

« Incendiez le quartier de la Bourse ; ne craignez pas.

« Le lieutenant-colonel,

« PARENT. »

Une autre pièce, saisie au cours de l'information, est ainsi conçue :

« Citoyens, établissez votre ligne de démarcation entre
« vous et les Versaillais. Brûlez, incendiez tout ce qui
« est contre vous. Pas de trève ni de découragement. Le
« onzième arrondissement se lancera à votre secours
« sitôt que vous serez menacés. Courage, et si vous agis-
« sez, la République est sauvée avant quarante-huit
« heures.

« Pour le comité de la 11ᵉ légion,

« DAVID. »

Un dernier document, écrit au crayon et trouvé dans les papiers d'un nommé Francis, porte textuellement :

« Parti de la préfecture avec Ferré, membre de la
« Commune, après y avoir mis le feu, nous nous replions
« à la mairie du onzième arrondissement. »

6.

Urbain.

S'il était nécessaire d'insister encore sur le plan pré-
conçu qui a dirigé la main des incendiaires, qui ne se
souviendrait des réquisitions de pétrole faites par la Commune chez tous les négociants et des menaces que les
journaux ne craignaient pas de formuler à cette occasion'?
Qui ne se souviendrait aussi des incendiaires embrigadés
promenant le pétrole et les torches enflammées des monuments publics aux habitations privées?

Deux cent trente-huit édifices ou maisons particulières
ont été atteints par le feu. Les ruines sont là plus élo-
quentes que toutes les paroles; et, en les contemplant, on
ne peut que frémir à la pensée de l'immense désastre dont
Paris tout entier a été préservé.

III

Il fallut d'immenses efforts pour triompher de cette insurrection.

Voici le résumé des opérations faites par le maréchal
Mac-Mahon :

« En résumé, l'armée réunie à Versailles avait, en un
mois et demi, vaincu la plus formidable insurrection que
la France ait jamais vue. Nous avions accompli des tra-

vaux considérables, creusé près de 40 kilomètres de tranchée, élevé 80 batteries armées de 350 pièces de canon. Nous nous étions emparés de cinq forts armés d'une manière formidable et défendus avec opiniâtreté, ainsi que de nombreux ouvrages de campagne.

« L'enceinte de la place avait été forcée et l'armée avait constamment avancé dans Paris, enlevant tous les obstacles; et après huit jours de combats incessants, les grandes forteresses de la Commune, tous ses réduits, toutes ses barricades étaient tombés en notre pouvoir.

« L'incendie des monuments avait été conjuré ou éteint, et d'épouvantables explosions avaient été prévenues.

« L'insurrection avait subi des pertes énormes; nous avions fait 25,000 prisonniers, pris 1,500 pièces de canon et plus de 400,000 fusils.

« Les guerres de rues sont généralement désastreuses et excessivement meurtrières pour l'assaillant; mais nous avions tourné toutes les positions, pris les barricades à revers, et nos pertes, quoique sensibles, ont été relativement minimes, grâce à la sagesse et à la prudence de nos généraux, à l'élan, à l'intrépidité des soldats et de leurs officiers. »

Les pertes, pendant toute la durée des opérations, s'élèvent pour les troupes à 83 officiers tués, 430 blessés, 794 soldats tués, 6,024 blessés et 183 disparus.

Aujourd'hui la France commence à respirer après tant de secousses; mais pour se relever de ses ruines elle a besoin du patriotisme et des efforts de tous ses enfants.

IV

Pendant que l'Assemblée luttait à Paris contre la Commune, celle-ci, au moyen d'agents expédiés de Paris, opérait une diversion dans les départements, avec le même cri de ralliement : la Commune! Des mouvements populaires éclataient dans les principales villes de la France.

Marseille, la première, avait levé l'étendard, et il avait fallu l'énergie de l'officier qui commendait le département, le général Espivent, pour triompher de cette émeute; la préfecture, où s'était installé un pouvoir révolutionnaire, avait dû être canonnée pendant plusieurs heures.

Lyon avait eu son mouvement à la Croix-Rousse. Là encore il fallut employer le canon pour que force restât à la loi.

A Saint-Étienne, le préfet fut assassiné au milieu d'une émotion populaire.

A Limoges, d'un attroupement partait un coup de feu qui tuait lâchement l'officier qui y commandait.

A Nîmes, à Toulouse, des essais de soulèvement eurent également lieu, qui échouèrent devant la résolution des autorités.

V

'Après l'œuvre accomplie par l'armée, la justice avait à faire la sienne; il fallait punir cette sauvage agression contre la société, il fallait rendre aux bagnes d'où ils s'étaient échappés ces malfaiteurs accourus de tous les points du monde pour piller Paris et le mettre à feu.

Plus de trente mille individus, hommes ou femmes, arrêtés à la suite de l'insurrection, avaient été conduits dans différents ports de l'Océan et placés sur des pontons. Il fallait les juger.

Vingt-cinq conseils de guerre furent successivement institués à Versailles, à Saint-Cloud, à Sèvres, à Saint-Germain-en-Laye, afin d'examiner les charges qui pesaient sur chacun des insurgés arrêtés et de prononcer sur leur compte.

C'était, on le comprendra sans peine, une tâche capable d'effrayer toute autre qu'une administration disposée à faire son devoir sans tenir compte des difficultés. A l'heure où nous écrivons, cette tâche est presque terminée, et les conseils de guerre ont prononcé sur le sort de plus de vingt-cinq mille prisonniers.

Comme d'ordinaire, les plus coupables, ceux qui avaient
mis les armes à la main à de malheureux aveuglés ou
dénués de ressources, ont trouvé moyen de se soustraire
à la vindicte des lois. C'est l'Angleterre qui leur a donné
asile à presque tous. Quelques-uns cependant des membres de la Commune sont tombés sous la main de la justice. Ferré et Rossel ont été fusillés; Vermorel et Sicard
sont morts à Versailles de leurs blessures; les assassins
des généraux Lecomte et Clément Thomas, de l'archevêque de Paris, des dominicains d'Arcueil, des gendarmes
de la rue Haxo, de Chaudey et de tant d'autres, sont condamnés, les uns à mort, les autres à la déportation.

L'opinion publique a ratifié toutes ces sentences, quelque
sévères qu'elles soient. Seule, la condamnation de Courbet, le principal promoteur de la destruction de la colonne
Vendôme, a été trouvée hors de proportion avec la part
qu'il avait prise au mouvement communiste.

FIN

Paris. — Imprimé par Charles Noblet, rue Soufflot, 18.